Dieses Buch gehört

Liebe Eltern,

wir wollen Ihr Kind beim Lesenlernen unterstützen, und zwar mit Geschichten, die Spaß machen.

Unsere Bücher mit dem liebenswerten Leselöwen begleiten Ihr Kind durch die 1. Klasse. Sie enthalten eine spannende Geschichte mit einfachen Sätzen und gut lesbarer Schrift. Viele bunte Bilder sorgen für Lesepausen und helfen, die Geschichte zu verstehen. Mit den Aufgaben zum Text kann Ihr Kind selbst prüfen, ob es den Text richtig verstanden hat. Zu den markierten Wörtern warten am Ende des Buches spannende Fakten und in unserem Onlineportal finden Sie viele weitere Extras!

So wird Ihr Sohn oder Ihre Tochter zum echten Leselöwen!

Ihr

Leselöwe

Jetzt geht es **los!**

Ocke Bandixen

Anpfiff für den Wunderstürmer!

Illustriert von Reinki/Lipkowski

www.leseloewen.de

FSC
www.fsc.org
MIX
Papier aus ver-
antwortungsvollen
Quellen
FSC® C109273

ISBN 978-3-7432-0917-6
1. Auflage 2021
© 2021 Loewe Verlag GmbH, Bindlach
Umschlagillustration: Pascal Nöldner
Innenillustrationen: Reinki/Lipkowski
Umschlaggestaltung: Kathrin Tobian
Vignetten Leselöwe: Angelika Stubner
Printed in the EU

www.loewe-verlag.de

Inhalt

Tims Mannschaft

Tim hat auf dem Handy *Ball-im-Netz* gespielt und dabei einen Stürmer gekauft. Und der kam dann bei ihm vorbei. IN ECHT! Seitdem ist Tim Trainer. Selbst Fußball spielen kann er gar nicht so gut.

Sergio Mavalli ist ein weltberühmter Stürmer. Ein **WUNDERSTÜRMER**! Er ist beim **FC Fortuna**. Aber seit Tim ihn gekauft hat, spielt er auch für Tim.

Konrad ist Tims bester Freund. Er ist kein großer Kicker, aber immer für ein Spiel zu haben.

Mareike ist Tims Freundin. Sie würde gern besser Fußball spielen. Vor allem gegen die Angeber von Marios Bande.

Mario und seine Bande sind ziemlich gemein. Und beim Fußball sind sie leider besser als Tim und seine Freunde. Bis jetzt.

Ein Tor aus Tonnen

Tim hat alles vorbereitet.

Heute ist das Training.

Nachher kommt Sergio,

der Wunderstürmer.

10

Sergio hat versprochen,
Tim, Konrad und Mareike
zu trainieren.
Sie **machen sich warm**.

Konrad schießt im Garten

auf das Tor aus Mülltonnen.

Er trifft! Leider die Tonne.

Sie fällt um. „Mist."

„Nein, Müll!" Mareike lacht.

Sie schießt in die Rosen.

Marios Bande geht vorbei.

„Ihr könnt ja gar nichts!"

„Die lachen uns aus!"

Tim ist sauer.

„Denen zeigen wir es!"

„Und mir auch?"

Der Wunderstürmer ist da!

„Du kommst genau richtig",

sagt Tim.

Sturm auf den Wunderstürmer

„Wir gehen zum Bolzplatz",
schlägt Konrad vor.
Aber dort angekommen,
ist alles besetzt.

„Da ist Sergio Mavalli!",
ruft ein Junge.
Es wird auf einmal ganz laut.
Der Wunderstürmer lächelt.

17

Alle reden durcheinander.

„Krieg ich ein Autogramm?" –

„Zeigst du mir ein paar Tricks?" –

„Spielst du mit uns?"

„Klar", sagt der Wunderstürmer.

Tim verdreht die Augen.

Ein Ball kommt geflogen.

Er stammt von Mario.

Sergio köpft mehrmals,

kickt den Ball vom Knie hoch,

köpft wieder und schießt

den Ball zu Mario zurück.

Der kommt herüber.

„Dürfen wir mitmachen?",

fragt die Bande Sergio.

„Nein!" Tim stellt sich vor sie.

„Zicken-Kicker!", sagt Konrad.

„Ihr Rasen-Hasen!", ruft Mareike.

Tim legt nach:

„Ihr Tor-Trottel!"

Mario kommt näher:

„Das wollen wir mal sehen!"

„Könnt ihr nur quatschen
oder auch Fußball spielen?
Wir gegen euch. Wer gewinnt,
kriegt den Platz!", ruft Mario.

Sergios Spezial-Training

Sergio geht dazwischen.

„Ich spiele mit euch Fußball.

Spezial-Training auf meine Art!"

„Cool!", freut sich Mario.

„Ich habe da einen Trick, wie aus Feinden Freunde werden", erklärt Sergio.

Hä? Tim guckt ungläubig.

„Marios und Tims Mannschaften
spielen zusammen", sagt Sergio.
„Gegen den Rest und mich. Wer das
erste Tor schießt, gewinnt!"

Alle Kicker jubeln.

Und Tim? Er guckt zu Mario.

Der nimmt den Ball.

„Dann los!"

Oje! Jetzt gilt es!

Mario teilt die **Positionen** ein.

Tim pfeift.

Und schon geht das Spiel los!

Anstoß!

Ein Mädchen spielt schnell ab.

Sergio hat den Ball.

Er flankt in die Spitze.

Konrad ist im Tor.

Er wehrt den Ball ab.

Mario bekommt ihn.

Wohin jetzt?

Sergio greift an.

Schnell, der **Pass** geht an Tim.

Nein, abgefangen!

Das Mädchen hat den Ball.

Und schon stürmt Sergios
Mannschaft wieder.
Ein Junge flankt hoch vors Tor.
Achtung!

Mario wehrt ab

und köpft zu Tim.

Der passt zu Mareike.

„Sehr schön!", lobt Mario.

Doppelpass!

Mareike spielt zu Mario,

der zurück, weiter nach vorn!

Aber Vorsicht!

Einer aus Marios Bande

kommt nicht mehr an den Ball!

Ein Verteidiger fängt ihn ab.

Tim rückt nach vorn.

Sergio stürmt hinterher!

Tim kommt an den Ball.

Pass!

Mario hat sich **freigelaufen**.

Ja, er hat den Ball.

Mario schießt. Tor!

„Jawohl!", brüllt Konrad.

Tim und Mario umarmen sich.

Der Wunderstürmer klatscht.

„Seht ihr? So geht Fußball:

am besten zusammen!

Und jetzt alle gegen mich!"

Fragen und Antworten

1. Bringe die Silben in die richtige Reihenfolge.

Sergio Mavalli ist ein …

DER MER WUN STÜR

Antwort: Wunderstürmer

2. Lies genau in Spiegelschrift. Wie heißt das Mädchen in Tims Mannschaft? Kreuze an.

- ☐ Marieke
- ☐ Mareike
- ☐ Mareika

Antwort: Mareike

3. **Bringe die Buchstaben in die richtige Reihenfolge.**

Im Garten spielt Tims Mannschaft
mit einem Tor aus …

T O L L M Ü N N E N

Antwort: Mülltonnen

4. **Was sagt Sergio? Trage die fehlenden Buchstaben ein.**

Ich habe da einen Trick, wie aus FE__NDE__
F__E__NDE werden.

Antwort: Ich habe da einen Trick,
wie aus Feinden Freunde werden.

5. **Wer schießt bei Sergios Spezial-Training das entscheidende Tor? Kreise ein.**

Mario

Mareike

Konrad

Antwort: Mario

Schon gewusst?

FC Fortuna (Seite 8):

Auch in Echt beginnen die Namen vieler Fußballvereine mit FC. Das steht für Fußball-Club. Und Fortuna ist das lateinische Wort für Glück.

machen sich warm (Seite 11):

Vor dem Training oder dem Fußballspiel wärmt man sich auf, um die Muskeln und Gelenke auf die Bewegung vorzubereiten. Wer sich vorher warm macht, spielt besser und verletzt sich im Spiel nicht so leicht.

Positionen (Seite 29):

Beim Fußball gibt es vier Positions-gruppen: Torwart, Verteidiger, Mittelfeld, Stürmer. Die Hauptaufgabe der Stürmer ist das Toreschießen, aber Stürmer ist nicht gleich Stürmer: Es gibt Außenstürmer, die fast schon im Mittelfeld spielen, und zentrale Stürmer.

Pass (Seite 32):

Das Zuspielen des Fußballs an einen anderen Spieler nennt man „Passen". Meistens wird der Ball mit der Innenseite des Fußes gespielt, weil man so am besten zielen kann. Bei einem Doppelpass überwinden zwei Spieler den Gegner, indem sie sich den Ball hin- und herspielen.

freigelaufen (Seite 37):

Wer von einem gegnerischen Spieler gedeckt wird, kann nicht angespielt werden. Er muss sich freilaufen, also so weit vom Gegner wegkommen, dass er den Ball nach einem Pass sicher annehmen kann.

Blättere schnell um und trage die blauen Buchstaben in der richtigen Reihenfolge in die Kästchen ein!

Ocke Bandixen erzählt Geschichten, seit er denken kann. Geboren wurde er 1970 in Nordfriesland. Er hat Literaturwissenschaft studiert und arbeitet heute als Journalist beim Radio. Inzwischen lebt er in Hamburg, hat selbst viele Kinder und liest den jüngeren jeden Abend etwas vor. Fußball spielen kann er übrigens nicht besonders gut, das muss der Wunderstürmer erledigen!

Kaja Reinki und **Ron Lipkowski** leben in Berlin. Zusammen, aber auch jeweils allein, arbeiten sie als Illustratoren an Kinderbüchern, Videospielen, interaktiven Apps, Comics und vielen anderen Dingen, die sie auch schon früher cool fanden. Wenn Kaja mal nicht arbeitet, zeichnet sie trotzdem oder bastelt Schmuck, spielt Videospiele, näht etwas, backt oder kümmert sich um ihre Pflanzen. Wenn Ron mal nicht arbeitet, liegt er am liebsten faul rum.

Pascal Nöldner, geboren 1990 in Essen, ist freiberuflicher Illustrator von Comics, Kinder- und Jugendbüchern und Zeichner von Animationsfilmen. 2015 beendete er sein Designstudium mit dem Schwerpunkt Illustration an der Fachhochschule Münster mit dem Bachelor of Arts. Neben seiner gestalterischen Tätigkeit ist er freischaffender Schauspieler und Musiker.

Das Leselöwen-Lösungswort

Besuche den Leselöwen auf
www.leseloewen.de und trage
die farbigen Buchstaben
von den Seiten *Schon gewusst?*
in der richtigen Reihenfolge
in die magische Box ein.

Wenn du das Lösungswort
gefunden hast, kommst du auf
die geheime Seite mit vielen
weiteren Spielen und Rätseln!

Der **Leselöwe** freut sich auf dich!

Jetzt
online!